教師のための携帯ブックス㉔

表ネタが通用しない場面へ投入！
学級づくり＆職員室の裏ネタ45

中條佳記 著

黎明書房

はじめに

　こんにちは。
　奈良県で小学校教師をしている中條佳記です。
　教師生活17年目を終えました。

　これまでの約10年，講師として全国にお招きいただき，学級経営していく上での大切なこと，教師としてのスタンス，そして，授業で用いる伝家の宝刀，いわゆる【授業ネタ】を話してきました。さらに，教育雑誌や教育本にも，たくさん原稿を書かせてもらってきました。その間，現場では，管理職はじめ，若手からベテランまで職員室の先生方が毎日必死になり，目の前の子どもたちのために教育活動をしているのを見てきました。

　そして，私は気づきました。
　若手だけでなくベテランの先生方が「明日の授業をどうすればよいのか」「学級の子どもたちとどのように関わればよいのか」「○○先生とうまくやるにはどうすればよいのか」とそれぞれに悩んでいます。そのヒントやアドバイスは現場で伝えるのが一番です。正解は1つではありません。たくさん挙げることが大切です。また，近くで見守ることも必要です。
　そんな日々を過ごす内に，「じゃあ，若手にもミドルにも

ベテランにも読んでもらって『あっ，これはうちの学級で使える！』『うちの職場で使ってみようかな』と思ってもらえるスキルを伝えたい！」と考えました。

　今，私は40代になり，現場第一主義の上，自分自身をベースにすえて授業や学級経営に取り組んでいます。そして，教師を目指す人たちのお役に少しでも立てればと願いつつ，本書を執筆しました。目に見えてわかりやすい，いわゆる【表ネタ】だけでは通用しなかった経験をもとに，今回あえて【裏ネタ】という名をタイトルに付けました。先生方にこっそり読んでいただき，実践を表に出せば，子どもたちや先生方が救われると信じています。

　なお，裏ネタの本は，この「学級づくり＆職員室」編と，次に出す「授業づくり」編の2冊にしました。

　セミナー会場で出会ったときには，ぜひ声をかけてください。さらに熱い熱い教育談義ができれば，本望です。この本を手にとって読んでいただいた方はもちろんのこと，その周りの方々のこれからの幸せを祈って……。

　最後に，発刊に際して，武馬社長はじめ，水戸さんにお世話になりました。ありがとうございました。

　　　平成30年4月1日

　　　　　　　　　　　　　　　　　　　　　中條　佳記

もくじ

はじめに 1

第1章　学級づくりの裏ネタ …… 7

❶ 億万長者ゲーム ………………………………… 8
❷ 今日からあなたも聖徳太子 …………………… 10
❸ 全員一致絵 ……………………………………… 12
❹ フォーヒント 私は誰でしょう ……………… 14
❺ いつでもどこでもなんでもシェア …………… 16
❻ 世界に1つの学級旗 …………………………… 18
❼ ○年○組の格言 ………………………………… 20
❽ 付箋紙オリジナル活用法 ……………………… 22
❾ ご褒美オリジナルシール ……………………… 24
❿ オリジナルハンコでやる気を引き出す ……… 26
⓫ 雨の中バザー in ○年○組 …………………… 28
⓬ ペットボトル輪っかリレー …………………… 30
⓭ E－1グランプリ ……………………………… 32

⑭ 腕っぷしチャンピオン …………………………… 34
⑮ 誕生日色紙を贈ろう …………………………… 36
⑯ もらってうれしい誕生日レター …………………… 38
⑰ クラスがつながるホメレター …………………… 40
⑱ 自由に書けるネタメモ帳 ………………………… 42
⑲ 一人はみんなのために！ 一人〇役 ……………… 44
⑳ 休日レター(写真つき) …………………………… 46
㉑ 1日をしめくくるお楽しみ！ 的矢 ……………… 48
㉒ 教室めぐり ……………………………………… 50
㉓ 出張のときは描いてもいいよ …………………… 52

第2章　給食の裏ネタ ………… 53

❶ ウェイター風 献立配付 ………………………… 54
❷ おかわりサイレントじゃんけん ………………… 56
❸ 配膳5分 ………………………………………… 58
❹ 給食献立クイズ ………………………………… 60
❺ 配膳配置に気遣いを …………………………… 62
❻ おかわり フランス料理風 ……………………… 64

第3章　掃除の裏ネタ ………… 65

❶ 汚れを見える化する① 掃除クリーナーシート …… 66
❷ 汚れを見える化する② メラミンスポンジ ………… 68
❸ 泡スプレーでシュッと机を一拭き！ ……………… 70
❹ 掃除の極意 ……………………………………… 72
❺ 掃除道具のプラスアイテム ……………………… 74
❻ よし！ 先生についてこい！ …………………… 76

第4章　委員会の裏ネタ ………… 77

❶ リクエスト ……………………………………… 78
❷ ＤＪ風お便り紹介 ……………………………… 80
❸ 廊下歩行見守り隊 ……………………………… 82
❹ 未来BOX ……………………………………… 84

第5章　職員室の裏ネタ ………… 85

❶ お菓子どうぞ …………………………………… 86
❷ 事前声かけ ……………………………………… 88

❸ 根回し ………………………………………… 90
❹ 何でも屋 ………………………………………… 92
❺ 穏やかにっこり表情筋 ………………………… 94
❻ しゃがんで, ひざまずいて …………………… 96

第1章

学級づくりの裏ネタ

　学級づくりの肝は4月の1ヵ月。ただし，日々の積み重ねが学級づくりをうまく進めます。
　「あっ，今日はこれをやってみよう！」という気持ちで，裏ネタを使ってみてください。

億万長者ゲーム

> 朝の会, 帰りの会など学級活動の時間に使えます。どの学級で実施しても必ず盛り上がります。隣の学級に迷惑がかかるので, ドアや窓は閉めます。ゲームを通して, クラスのみんなと交流できます。

・・・・・・・・・・ 裏ネタのすすめ方 ・・・・・・・・・・

① 百均で買ってきた【こども銀行券】を準備します。1万円券がオススメです。
② 1人3万円(3枚)ずつ配ります。
③ ジャンケンをして, 勝った方が負けた子から1万円もらえます。
④ 最初と最後に「よろしくお願いします」「ありがとうございました」と必ずあいさつをします。
⑤ 「先生が銀行です。お金が無くなったら, いつでも借りに来てくださいね」とにっこりしながら伝えます。
⑥ 「1人10万円貯まったら, 前に集まり, 億万長者になったつもりで, ふんぞりかえって札束を扇子のようにして顔をあおいで, 待っていましょう。」と伝えます。
⑦ 制限時間は, 10分とします。

⑧ 最後に,「10万円貯まった人に盛大な拍手をして称えましょう」と言って,拍手を贈って終わります。

・・・・・・・・・・・・ 裏ネタ＋α ・・・・・・・・・・・・

- 子どもたちの様子を見ていて,「金遣い荒いなぁ」,「将来が心配だよ」,「借りたものは返そうね」など声かけをすると盛り上がります。
- 10万円貯まった子どもには,ご褒美として,オリジナルのシールやスタンプなどのプレゼントがあると,さらに盛り上がります。
- 借金王もまた拍手で称え,「借金は今日一日でチャラにします」と言います。
- 制限時間は長すぎると間延びしてしまいますので,子どもたちが(もう少ししたかったなぁ)と思う程度にしておきましょう。

今日からあなたも聖徳太子

　帰りの会や授業のすき間時間に使えるネタです。同時に言った言葉を聞き取る活動です。子どもたちは真剣に聞くようになります。準備いらずで、子どもたちの誰もがヒーローになれます。

◆◆◆◆◆◆◆◆◆◆ 裏ネタのすすめ方 ◆◆◆◆◆◆◆◆◆◆

① 「今から聖徳太子ゲームをします」と伝えます。
② 解答者を1人選びます。
③ 解答者は教室の後ろへ移動します。
④ 続いて、言葉を発する人（発言者）を2人募集し、前に出てきてもらいます。
⑤ 教師は発言者2人に、言葉を伝えます。同じ字数、似た言葉がよいです。
　〈例〉
　「でんしゃ」と「たんしゃ」。
　「だんご」と「たんす」。
⑥ 「せーの！」という教師の声で、2人が同時に言葉

を言います。
⑦　解答者が正解できたら，みんなで拍手を贈ります。
⑧　正解したら，発言者，解答者ともに交代します。
⑨　発言者の数を増やしていくと盛り上がります。

・・・・・・・・・・・・ 裏ネタ＋α ・・・・・・・・・・・・

- 「聖徳太子は10人の声を聞き分けたらしいよ」と子どもたちに伝えると俄然やる気が高まります。
- 言葉をあらかじめ，教師がいくつか用意しておくとよいでしょう。
- ゲームに慣れてくると，子どもたちから言葉を募集しても楽しいです。
- 解答者をクラス全員としても大変盛り上がります。
- 正解でも，不正解でも，チャレンジした子へ大きな拍手を忘れないようにしましょう。
- チーム対抗戦にすると，子どもたちは知恵を出し合い，楽しみながら活動ができます。

全員一致絵

集中力が下がっているときや授業が少し早く終わったときなどに活用できます。全員の絵が揃うと大盛り上がり。絵心は特に関係ありません。簡単な絵から始めてみましょう。

・・・・・・・・・ 裏ネタのすすめ方 ・・・・・・・・・

① 「みんなで同じ絵を描きます」と教師は伝え，紙を配付します。B4の印刷ミスした用紙などがよいでしょう。
② 「これから伝える絵を描いてください。全員の絵が同じになれば，ミッションクリアです」「ルールは簡単です。❶先生が伝えた通りの絵を描く。❷周りの人の絵は見ない」と説明します。
③ 「それでは，始めます。真ん中に梅干しくらいの大きさの丸を描きます」と伝えます。
④ 「描けた絵を先生に見せてください。はい，どうぞ！」と言い，絵を確認します。
⑤ 描けていれば，「お見事！ ミッションクリア！」と叫び，みんなで拍手します。
⑥ 描けていなければ，「残念！ 次のミッション！」と伝

えて再度チャレンジさせます。

◆◆◆◆◆◆◆◆◆◆◆◆ 裏ネタ＋α ◆◆◆◆◆◆◆◆◆◆◆◆

- 簡単に描けるテーマを1つ〜2つほど,準備しておきます。
- チーム対抗戦にすると,盛り上がります。
- シンプルな図形をテーマにすると,わかりやすく描きやすいです。慣れてくると,数を増やしたり,形を変えたりしていきます。
- 子どもたちの集中力が途切れないように,成功できなくても,ミッションは2つくらいでやめるようにします。

フォーヒント 私は誰でしょう

　新学期などに使えるネタです。学期中では，朝の会，帰りの会，授業のすき間時間や早く終わったときなどに使えます。学級のメンバーの秘密が明かされます。
　今まで知らなかった仲間のことがよりわかり，子どもたち同士がつながるきっかけになります。

・・・・・・・・・・・ 裏ネタのすすめ方 ・・・・・・・・・・・

① 事前に，紙に自己紹介を書かせ，集めます。名前と4つの好きなものを書きます。
〈例〉色，形，料理，場所など
② 「これより，『フォーヒント 私は誰でしょう』を始めます。全員起立。誰かの好きなものを順番に4つ言っていきますので，それが誰なのかわかった時点で座りましょう」と説明します。
③ 4つのヒントを伝え終わったら，「これは，誰ですか？ さん，はい！」と言って，座っている子どもたちが一斉に名前を言います。
④ 次に，「正解を発表します。正解は〜　○○○○さんでした〜」と伝え，本人に立ってもらい，みんなで大きな拍

手を贈ります。

裏ネタ+α

- 何度もやっていくと、仲間のことがどんどんわかってきて、つながるきっかけとなります。
- フォーヒントの内容を変えて、何度でもできます。
- プライベートのこと（好きな人や家族の詳しい事情など）を尋ねる場合は、慎重に。
- ツーヒント、スリーヒントでも難易度が上がり、盛り上がります。
- 学級がスタートしてすぐに実施した場合、答えられない子どもたちが多いでしょうが、「これからどんどん周りの人のことがわかってくるとよいですね。仲が深まっていくとよいクラスになりますね」と伝えましょう。

⑤ いつでもどこでもなんでもシェア

> なにげない会話って大切です。いつでも,どこでも,なんでも,隣にいる人とちょこっと話してみましょう。

◆◆◆◆◆◆◆◆◆ 裏ネタのすすめ方 ◆◆◆◆◆◆◆◆◆

① 慣れないうちは,テーマを教師から提供します。
② 例えば,「昨日の【晩ご飯】の話をします。メニュー,味,量,家族との会話などを隣の人とシェアします」と伝えます。

〈テーマ例〉
朝ご飯,今朝のプチハッピー,ペット,おすすめのおかし,好きな芸能人,笑えた話など。

③ 「先に話す人を決めます」と伝えます。
④ 「『終わり!』という声が聞こえたら終了です。それでは,シェアスタート!」と言って始めます。子どもたちは「昨日の晩ご飯って何だったっけ?」と自問自答からスタートし,盛り上がっていき

ます。
⑤ 時間がきたら，後に話す人と交代します。

★★★★★★★★★★★★ 裏ネタ＋α ★★★★★★★★★★★★

●制限時間を設けてもよいでしょう。まずは，1人1分から始めましょう。

●先，後を決めずに，きっかけとなる人を決めたら，話す・聞くのルールを決めておいて話してもよいでしょう。
〈ルール例〉相手が話しているときは口を挟まない。
　　　　　　うなずきながら聞きましょう。
　　　　　　「よろしくお願いします」「ありがとうございました」と，あいさつとお礼は言いましょう。

●ルールは，子どもたちの声を聞いてもよいでしょう。

●授業の最初，活動中，授業の最後など，いつ行ってもOKです。

●テーマが書かれたカードを準備しておいて，ランダムにカードを選び，提示してもよいでしょう。

●慣れてくると，「シェアタイムスタート」のかけ声だけでOKです。

世界に1つの学級旗

　世界に1つだけの旗をつくりましょう。学級をチームにまとめていく手段として最適です。さあ，この旗の下へみんな集まれ！！

♦♦♦♦♦♦♦♦♦♦♦ 裏ネタのすすめ方 ♦♦♦♦♦♦♦♦♦♦

① 学級旗製作委員会を立ち上げます。3人くらいで作業をするときがちょうどよいです。「やってくれる人！」と呼びかけ，希望者を委員会メンバーにしましょう。
② 教師は下描き用紙（B6サイズ）を配付し，旗のデザインを募集します。その後，クラス全員で投票してデザインを決めます。
③ 教師が白布（縦70cm，横120cm）と絵の具を準備します。
④ 製作委員が下絵を鉛筆で描き入れ，着色したら完成。
⑤ できあがった学級旗を朝の会などで，みんなにお披露目すると歓声が上がります。
⑥ 完成後は，教室の壁面に掲示しておきましょう。

・・・・・・・・・・・ 裏ネタ＋α ・・・・・・・・・・・

- 着色したとき，裏に染みるため，水性絵の具は極力避けた方がよいでしょう。
- 完成後の旗は，流木にくくりつけて飾るもよし，教室前に掲げるもよし，子どもたちの視界に入るところに置くようにすると自然に一体感が生まれます。

- 持ち運びできるようにしておけば，移動教室や体育館に持って行くことができます。
- 運動会の学級の応援にも，利用できます。
- 市販されているキャラクターは利用せず，子どもたちが考えたオリジナルキャラクターがオススメです。
- 旗のデザインを子どもたちに考えさせるとき，大漁旗などの見本を見せて，絵だけでなく，クラス目標やキーワード，文字を入れてデザインすると仕上がりが格好良く見えることを伝えます。

○年○組の格言

教師から子どもたちへ贈る,○年○組オンリーワンの言葉たち。学級メンバーの心に深く刻まれることでしょう。

裏ネタのすすめ方

① 教師が,子どもたちに伝えたい言葉や授業で使った格言を,朝の会などに伝えます。
② 例えば,「【割れ窓理論】って,聞いたことありますか？」と子どもたちに問います。
③ そして,【割れ窓理論】について具体例を話しながら子どもたちに説明します。

> 割れ窓理論とは,環境犯罪学の理論で,室内の割れた窓を放置しておくと他の窓も割られやすくなったり,ゴミが落ちているとゴミが増えてきたりするので,風紀の乱れを早期に抑止するためにも,ほったらかしにしないでおきましょうという人の心理を理論化したお話です。
> （アメリカ犯罪学者ジョージ・ケリングの考案）

④ 後日,右ページのような半切に筆で書き入れ,子どもた

ちがよく目にする場所に掲示しておきます。

・・・・・・・・・・・ 裏ネタ+α ・・・・・・・・・・・

- 格言を子どもたちと唱える時間を作りましょう。
- 言葉の増やしすぎに注意します。
- 格言のチョイスは，子どもたちの成長に合わせたものにしましょう。低学年向け，中学年向け，高学年向けと教師が分けておき，子どもたちの心に響く言葉を選べるとよいですね。
- 格言は，必ず子どもたちにその意味を伝え，その言葉の真意がわかった状態で掲示するようにしましょう。
- 子どもの発言，呟きを格言にしてもよいでしょう。
- 教室に掲示するときには，タイトルを作成し格言と一緒に掲示しておきましょう。

付箋紙オリジナル活用法

> がんばった子どもたちへのご褒美です。付箋紙を，以前は間違い直しのために使っていましたが，発想の転換です。

裏ネタのすすめ方

① 例えば，子どもたちの漢字練習帳で，バランス，とめ，はね，はらいなど，丁寧に書けていたら，赤ペンで花丸をします。
② さらに，「苦手な漢字練習をがんばっているね」「ていねいに書けたね。すばらしい！」などのフォローメッセージを書きます。
③ メッセージの横に何も書かない付箋をシール代わりに貼り付けておきます。
④ 付箋の種類を変えたり，枚数を増やしたりして，工夫をします。
⑤ 子どもたちは付箋を貼ってもらえるように，字を丁寧に書くようになります。

・・・・・・・・・・・・・ 裏ネタ＋α ・・・・・・・・・・・・・

●市販されているかわいらしい付箋や旅先などで販売しているお土産用の付箋などを教師が準備しておき，利用しましょう。
〈付箋例〉動物，花，食べ物，ご当地ゆるキャラなど
●子どもたちはノートを確認しない場合があるので，「すばらしいノートにはご褒美があるよ」と，宣伝するとよいでしょう。
●各教科のノートを集めたときも活用できるネタです。
●シールとの併用も子どもたちは喜びます。
●付箋に文字を書いてもよいですが，付箋をそのままコレクションとして集める子が出てきますので，コメントはノートに直接書いた方がよいでしょう。

ご褒美オリジナルシール

これも子どもたちへのご褒美です。オリジナルキャラクターを作成して、シールにしてしまいます。

✦✦✦✦✦✦✦✦✦✦ 裏ネタのすすめ方 ✦✦✦✦✦✦✦✦✦✦

① 学級キャラクター係を立ち上げ、学級キャラクターの絵を募集します。
② 集まった絵の中から、クラス全員で投票して決めます。投票用紙は、学級キャラクター係に用紙（Ｂ６サイズ）を渡し、下のようなものを作成してもらい、増し刷りします。
③ 集めた絵に番号をつけながら黒板に貼っていきます。
④ 皆が投票用紙に記入が終わったら回収し、集計します。
⑤ 得票数上位３枚を紹介し、「これを使って、このクラスオリジナルシールを作ります」と伝える。
⑥ 決定したキャラクターを

```
名前（        ）
学級のキャラクターの絵を選ぼう！
３つ選んで、その番号を下に書きましょう。
```

スキャナーでパソコンに取り込み，市販されているシール作成シートに印刷します。
⑦　全問正解できたプリントや丁寧に書けたノートなどに貼ります。子どもたちのやる気がオリジナルシール欲しさにアップします。

・・・・・・・・・・・・・ 裏ネタ＋α ・・・・・・・・・・・・・

●子どもたちからアイディアがなかなか出ない場合，教師が地域の特産品や特徴，史跡，神社仏閣などをキャラクター化し，シールに仕上げます。

〈例〉奈良県王寺町の場合，おうじレンジャー，だるまホワイト，明神山グリーン，葛下川ブルー，鉄道ブラック，太子パープルなど。

●学級キャラクターを背景に，文字入りシールを作成してもよいでしょう。
〈例〉「やればできる！」「集中しろ！」「すばらしい！」など。

オリジナルハンコでやる気を引き出す

> またまた子どもたちへのご褒美です。オリジナルハンコを作成し，ノートや連絡帳にポン！

✦✦✦✦✦✦✦✦✦✦ 裏ネタのすすめ方 ✦✦✦✦✦✦✦✦✦✦

① クラスのオリジナルキャラクターの絵を準備します。
 （クラスのキャラクターの作成手順は，「9　ご褒美オリジナルシール」を参照）
② キャラクターの輪郭を鉛筆でしっかりなぞります。
③ その絵をひっくり返し，ゴム板とカーボン紙を準備し，ゴム板→カーボン紙→絵の順に重ねて置きます。

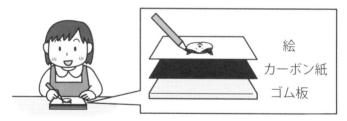

④ 赤ボールペンで輪郭をなぞっていきます。
⑤ 写した線を残すようにして，ゴム板を彫刻刀で削っていきます。
⑥ 彫り終えたら，ゴム板に，持ち手となる角材とクッショ

ンの役割をするスポンジをはり付けます。(右図)

⑦ その日の連絡帳をチェックするときに，ハンコを押して返します。すると，ハンコを見つけた子どもたちは大喜び。

・・・・・・・・・・・・ 裏ネタ＋α ・・・・・・・・・・・・

- 子どもたちからリクエストを募集すると，子どもたちはキャラクターに親しみをもちます。
- 教師の似顔絵ハンコも子どもたちには大好評です。
- スタンプの色を赤，緑，黒，青，ピンク，橙，レインボーなど取り揃えておくと，同じハンコでも印象が大きく変わって面白いです。
- キャラクターの輪郭線は太くしておいてからカーボン紙で写すようにすると，彫るときが楽になります。
- ゴム板の大きさのオススメは，1辺4cmの正方形です。
- 木工用ボンドで角材，スポンジ，ゴム板を接着します。時間がないときは，瞬間接着剤をオススメします。
- ゴム板と角材の間に挟むスポンジは薄くて丈夫なものを使います。分厚いとハンコを押すとき非常に押しにくいです。

雨の日バザー in ○年○組

子どもたちの手作りの物や教師の手作りの物などを準備し，雨の日の教室でイベントを開催します。子ども同士の交流が盛んになります。

✦✦✦✦✦✦✦✦✦ 裏ネタのすすめ方 ✦✦✦✦✦✦✦✦✦

① 雨の日バザー実行委員会を立ち上げ，希望者を募ります。
② 日頃から，子どもたち手製の折り紙や小物類，おうちで必要なくなった物，教師の手作りの物などを段ボール箱などに集めておきます。
③ 実行委員は，バザーで使用できる専用紙幣を作成しておきます。（1人3枚×人数分）
④ 雨の日の長い休み時間に教室を使って，実行委員会のメンバーで出店します。値段をつけると盛り上がります。
⑤ 他の子どもたちは，専用紙幣を使って，欲しい物を購入します。
⑥ また他の子どもたちが作ったり，準備したりした品物を実行委員は専用紙幣で買い上げることもして，金と品物の流れを学ぶことができます。

★★★★★★★★★★★ 裏ネタ+α ★★★★★★★★★★★★

●あくまでもバザーですので，費用のかからない物を出品します。
●準備する専用紙幣の数は，バザーに出せる品数によって，学級児童分か，学年児童分か，全校児童分かを子どもたちが相談して決めます。
●噂を聞きつけた他クラスや他学年の子どもたちを巻きこむと，さらに盛り上がるでしょう。その際，「もしバザーに出品したい物があれば，持ってきてね」と伝えると，輪が広がっていきます。
●教室の前や廊下などに宣伝用のポスターを実行委員会が作って貼っても面白いです。

ペットボトル輪っかリレー

子どもたちの信頼関係が問われます。帰りの会や学級活動の時間に使えるネタです。成功すれば,絆は深まります。ユニークで簡単なイベントです。

◆◆◆◆◆◆◆◆◆◆ 裏ネタのすすめ方 ◆◆◆◆◆◆◆◆◆◆

① 円筒の500mLペットボトル(きれいに洗った物)を数本準備し,2cm幅で切り分けます。
② チームに分かれます。(1チーム5～6人)
③ ストローを人数分と,①で作った輪っかを各チームに1つずつ配付します。
④ 「今日はペットボトル輪っかリレーを行います」と宣言し,ルールを説明します。

【ルール】
- チーム1列に並びます。
- 全員,口にストローをくわえます。
- 手を使わずに輪っかを後ろの人へ渡していきます。
- 一番早く輪っかを最後の人へ渡せたチームの勝利です。

⑤ 「先生の『スタート』の合図で始めます」と言い，ゲームを始めます。

⑥ ゲームが終わったら，「優勝チームは〜〜〜○○チーム！ みんなで大きな拍手を贈りましょう」と言って称え，ゲームを終わります。

・・・・・・・・・・・・ 裏ネタ+α ・・・・・・・・・・・・

- 重さや大きさを変え，輪っかのバリエーションを増やすと面白いでしょう。（輪ゴムや1Lの円筒ペットボトル（色付きの輪っかを作って利用するときれいです）など）
- 各チームの人数は同じにして，長い列にすると盛り上がります。
- 口にくわえるので，くれぐれも安全には気をつけます。
- くわえるアイテムをいろいろ準備しておき，チーム内で相談して，決めさせても大変面白いです。（ストロー，プラスチックスプーン，プラスチックフォークなど）

E-1グランプリ

友だちの特技（隠れた力）を知る機会にもなるクラスのイベントです。子どもたちの特技などを披露しあって，Entertainment（エンターテインメント）のトップを決めます。もちろん，クラスのみんなで楽しむことが一番の趣旨です。

・・・・・・・・・・ 裏ネタのすすめ方 ・・・・・・・・・・

① イベントの趣旨を子どもたちに説明し，参加者を募ります。
〈例〉ピアノ（オルガン），バイオリン，柔道，剣道，漫才，コント，劇，手品，ダンス，歌など。
② 評価項目「真剣さ」「技の良さ」「感動度」などとイベントの日時を伝えます。また，各項目に点数をつけるので，大変よい5点，よい4点，普通3点，もう少し頑張れ2点，頑張れ1点で評価するように伝えます。
③ 実施する場合，評価の公平さを伝え，エントリーした子どもたちにも自己評価をしてもらいます。
④ 本番直前に，評価用紙を全員に配付します。
⑤ 本番途中に，観客である子どもたちにインタビューをし

ても盛り上がります。
⑥ 用紙を集めて，点数を集計します。優勝者，もしくは優勝チームには，賞状を贈ります。

裏ネタ＋α

- 体育館や多目的室など場所を変えると安全に行えます。
- 企画，司会進行やポスター作りなど子どもたちが全て運営できるようになるのが理想です。
- 評価項目は，学級に応じて，変更してもよいでしょう。
- クラスの停滞したムードを打破するには，このイベントは効果的です。
- お笑いに特化した漫才対決やダンスに特化したダンスバトルなど，さまざまな大会が企画できるようになります。
- 批判や非難を決して出さないようにするため，事前指導を必ず入れ，さらに教師自身が笑っていることが大切です。

腕っぷしチャンピオン

> これまた学級のイベントです。子どもたち同士で腕力対決をします。男女関係なく力と力の真剣勝負です。

・・・・・・・・・ 裏ネタのすすめ方 ・・・・・・・・・

① 「腕っぷしチャンピオン大会を○月○日の昼休みに開催しますので，腕に力をつけておいてくださいね」と子どもたちに伝えます。
② 開催日当日，教師は蝶ネクタイを着け，おもちゃのマイクを持って，レフェリーを務めます。
③ 「3本勝負で行います。先に2本先取した方が勝ちです。今回の対戦は～～○○さん対○○さん！」と選手の名前を呼びます。
④ 対戦内容は，下記の3つです。

1 腕相撲（勝ち抜き）
2 リフトアップ（水を入れた2Lのペットボトルを1分間で何回持ち上げられるか）
 ＊低学年は，教師が補助につき，安全を図ります。
 ＊学年に応じて重さを調節してください。
3 腕立て伏せ（1分間で何回できるか）

⑤　総合優勝者，各部門優勝者には，賞状を贈ります。

・・・・・・・・・・・・　裏ネタ＋α　・・・・・・・・・・・・

●実施する時間は，学級活動の時間に行ったり，実施日を分けて行ったりしてもよいです。
●全員参加か希望参加は，学級の実態に合わせてください。
●種目を増やしたり，時間や重さを調整したりして，楽しい雰囲気のイベントにしていきましょう。
●お互いに勝負したり，応援し合ったりすることで，クラスの団結力が強まります。
●クラスにトーナメント表や総当たり表を掲示しておくと，盛り上がりますし，子どもたちは興味をもって見ます。

誕生日色紙を贈ろう

> １年に一度しかない誕生日。子どもたちと出会ったかけがえのない１年。出会いに感謝して贈りたいものです。

◆◆◆◆◆◆◆◆◆ 裏ネタのすすめ方 ◆◆◆◆◆◆◆◆◆

① 百均で無地の色紙（学級人数分），絵筆（太），絵の具，朱色の墨汁，手のひらが乗せられるおぼん，色紙が入る茶封筒を購入しておきます。

② 学級人数分の色紙に教師の手形を押しておきます。朱色の墨汁がオススメです。

③ 誕生日までに，②の色紙にその子の手形を取ります。（朝の休み時間や，中間休み，昼休みなどを利用します）

④ メッセージを書いて，当日の朝の会などで茶封筒に入れて本人にプレゼントします。（右図見本）

⑤ その際，みんなで「おめでとう」と言って，ハッピーバースデーの歌を歌います。

・・・・・・・・・・・ 裏ネタ＋α ・・・・・・・・・・・

- ●子どもの手形は，教師が絵の具の色をたくさん準備しておいて，子どもに選んでもらうとよいでしょう。
- ●絵の具ではなく，墨汁（黒と朱）を準備して，手形を取ってもよいでしょう。
- ●色紙をそのまま保存しておくと，湿気を吸ってしまい，絵の具で手形を取った際に，ボロボロになってしまうかもしれないので，乾燥剤などを準備して，色紙を保存しておくとよいでしょう。
- ●手形ではなく，げんこつで型を取っても面白いでしょう。

- ●土日祝や長期休暇に誕生日の子どもへの対応は，本人に確認し，休暇前か休暇後，どちらにもらいたいか聞き，本人の希望にあわせます。

もらってうれしい誕生日レター

教師とクラスの子どもたちからの，誕生日をお祝いする手紙をプレゼントします。
その年，そのときが大切な思い出になるでしょう。

◆◆◆◆◆◆◆◆◆◆◆ 裏ネタのすすめ方 ◆◆◆◆◆◆◆◆◆◆◆

① 1人1枚メッセージカードを準備します。大きさはB6サイズ。画用紙でも上質紙でも何でもよいです。
② 誕生日の朝の会のとき，本人以外のクラス全員にメッセージカードの書き方説明を行い，カードを完成させます。時間がかかる子もいるので，焦らずに待ちます。

```
○○○○さんへ
お誕生日おめでとうございます



                                    平成 30 年 9 月 6 日
                                      中 條 佳 記 より
```

③ 誕生日の帰りの会のとき，教師と子どもたち全員分のカードを本人にプレゼントします。そして，拍手を贈ります。

・・・・・・・・・・・・ 裏ネタ+α ・・・・・・・・・・・・

- メッセージカードの代わりに，色紙へ寄せ書きをしてもよいです。
- もらって嬉しい手紙にするために，装飾や色づけを工夫できるとよいですね。
- 実際の葉書を使い，教師から子どもの家に送るという方法もあります。
- いくつか色画用紙を準備しておき，本人の好きな色の画用紙を使って，メッセージカードを作成すると喜びます。
- 百均で便せんを買ってきて，準備するのもよいです。
- メッセージを書くのに苦戦している子へは，例文を示すと，スラスラ書けるようになります。

クラスがつながるホメレター

> 子どもたち同士のつながりが強まります。一言でもほめられると嬉しいものです。善い行いによく気づく子に育てましょう。

✦✦✦✦✦✦✦✦✦ 裏ネタのすすめ方 ✦✦✦✦✦✦✦✦✦

① 学級活動や授業が早く終わった時間に行います。
② 1人1枚,B5サイズの紙を学級全員に配付し,上から1cm幅で,自分の名前を書かせます。あらかじめ,1cm幅の線を印刷しておくと,活動がスムーズにできます。

③ すべて回収して,ランダムに,裏を向けて配ります。
④ 「よーいスタート!」で用紙を表に返し,約1~2分後,「そこまで~」の声がかかるまで,用紙の下側から1cm幅で一番上に名前の書かれている子のよい

ところを書き，自分の名前を記入します。書いたメッセージが見えないように裏に 1 cm 折りこんで，隣の子へ渡します。
⑤　手紙に書くところがなくなるまで続け，一旦回収します。教師が内容を確認した後，本人にプレゼントします。

❖❖❖❖❖❖❖❖❖❖❖❖ 裏ネタ＋α ❖❖❖❖❖❖❖❖❖❖❖❖

● 身体的なことは書かないように指導します。
●「『愛の告白をしないようにね』『今度，遊ぼうね』とかは書きませんよ」と伝えると，笑いがおきます。
● 普段から，友だちのよい行動を見ておくように，子どもたちへの声かけが必要です。
● 見本は右図です。

多 賀 一 郎
いつも掃除を頑張っていますね。ありがとう。　中條佳記

一人はみんなのために！一人〇役

子どもたちが自主的に活動できるようになり，かつクラスでの居場所を確保できるのではないかと考え，この活動を始めました。

♦♦♦♦♦♦♦♦♦♦ 裏ネタのすすめ方 ♦♦♦♦♦♦♦♦♦♦

① 学期初めの学級活動で，「今日から一人〇役を始めます」と伝えます。
② 「日直や給食，掃除の当番ではなく，係の活動でもない取り組みです」と説明します。
③ 子どもたちに「教室でどんなことをすると，みんなのためになるだろうね？」と投げかけ，考えさせます。
④ 子どもたちは，短冊などに名前とみんなのために何をするのかを書きます。まずは１つから始めます。短冊は教室に掲示します。
⑤ 週に１回，できているか，自分で評価させる時間を確保し，次週につなげます。

> 日付を毎日書きかえる。
> 中村健一

> ろう下にゴミが落ちていたら拾う。
> 土作 彰

・・・・・・・・・・・・・ 裏ネタ＋α ・・・・・・・・・・・・・

●子どもたちの気づきに委ねますが，どうしても思いつかない子がいた場合，教師からアドバイスをします。
●年度，学期の途中で役割を変更したり，増やしたりしてもよいことを子どもたちに伝えます。
●「廊下にゴミが落ちていたら拾う」「廊下を走っている人がいたら歩くように言う」「あいさつを積極的にする」などクラスの中だけではなく，学校のみんなのために活動しようとしているものは認めます。
●役を決めなくても，子どもたちがみんなのことを考えて動ける姿が理想なので，そこへたどり着くための過程であることは子どもたちへ伝えましょう。

休日レター(写真つき)

先生から子どもたちやご家庭へ,心のこもった手紙を送ります。クラス写真を印刷し,それも添えると喜ばれます。

・・・・・・・・・ 裏ネタのすすめ方 ・・・・・・・・・

① 行事やイベントが終わったら,クラス写真を撮り,人数分印刷しておきます。また,掃除を一生懸命に頑張っている姿や休み時間に友だちと楽しそうに遊んでいる姿など,普段から教師は,子どもの活動の様子の写真を撮りためておきます。

② 封筒と便せんをクラス全員分,準備します。

③ 普段,頑張っていたことや善い行いをしたこと,また活躍していたことなどを具体的に取り上げて,子どもたち全員に手紙を書きます。メッセージカードに,短い文章でもよいでしょう。学校で頑張っ

ている様子を書きます。
④ 手紙の最後に,子どもへの感謝の言葉とこれからの活躍,期待,励ましの言葉を添えます。
⑤ 写真と手紙を封筒に入れ,金曜日に投函します。到着が休日だと子どもの家族にも,読んでもらえます。

• • • • • • • • • • • • • 裏ネタ＋α • • • • • • • • • • • • •

● 必ず,子どもが頑張っていることや楽しそうにしていることなどを書くようにします。子どもがした悪いことや悩んでいること,落ち込んでいることなどは決して書かないようにしましょう。アドバイスや励ましのつもりで書いたとしても,保護者の方が見られると心配されます。
● 長期休業中に,「元気にしていますか」とメッセージを送るのもよいでしょう。
● いくら忙しかったり,子どもの数が多くても,自分が書ける一番ていねいな字で書くようにしましょう。
● 必ず全員に届くようにします。
● 子どもたちには,「次,送るからね～」と予告せず,誰に送られてくるかわからないようにすると,子どもたちは楽しみにして待つようになります。

1日をしめくくるお楽しみ！的矢

帰りの会に行います。どこに当たるかワクワクどきどき。子どもたちの楽しみの1つです。子どもたちは，朝から楽しみにして，1日頑張ります。

裏ネタのすすめ方

① A3サイズの紙を2枚貼り合わせ，的を描き，2つ作成します。
② 的の点数を決めます。中心が100点，外に向けて80点，60点，40点，的ではなく，紙に当たれば20点，どこにも当たらなければ，0点とします。
③ 百均で購入してきたおもちゃの弓矢を準備します。
④ ①の的を黒板に貼り付けます。黒板からの距離を決め，床にテープを貼ります。
⑤ 1日に2人ずつ，名簿順にチャレンジしていきます。他の子どもたちは応援します。
⑥ 1人3本撃ち，当たった合計点数を競います。
⑦ ひと月やって，優勝者，準優勝者は教室に掲示します。日々大会と銘打って続けます。右記のように，ホワイトボードに書きます。

第1回 優勝者 ○○ ○○さん　準優勝者 ○○ ○○さん

・・・・・・・・・・・・ 裏ネタ＋α ・・・・・・・・・・・・

●購入しておいたシールや付箋などを賞品にしてもよいでしょう。子どもたちは喜びます。
●的は，大会ごとに新しいものにしても，盛り上がります。
●トロフィーと札を準備して，札に優勝者の名前を書き入れて，大会ごとに増やしていくと，子どもたちは大喜び。
●的の例は，下記のとおりです。

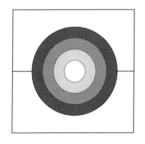
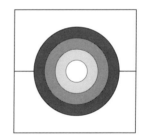

↓新たな枠はボーナスポイントで150点。

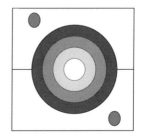

教室めぐり

> 学級王国を築くため，日夜努力をします。しかし，たまには他国を見て様子をうかがうのも勉強になります。

・・・・・・・・・ 裏ネタのすすめ方 ・・・・・・・・・

① 休み時間や専科授業で自分が空いているときに他教室を見て回ります。
② 普段の自教室へ向かうルートとは違うルートで校舎内を巡ります。
③ 無断で，他教室をのぞくのは，マナー違反なので，「先生の教室を見せていただいてもよろしいでしょうか」と担任に必ず一声かけるようにします。
④ 他教室の教室掲示，机の配置などの教室環境や板書，教室内の床・窓など，ありとあらゆるところを観察させてもらいましょう。
⑤ 他教室のよいところを参考にして，自教室の環境を改善していきます。

・・・・・・・・・・・ 裏ネタ＋α ・・・・・・・・・・・

●声をかけられなかった場合は，こっそり廊下から見させてもらいましょう。担任と目が合えば，会釈をします。
●他教室のアイディアを使わせてもらう場合は，「先生の教室の□□がとてもよいので，私の教室でも使わせてもらってもよろしいでしょうか」と，一声かけるようにします。
●見て回るのと同時に，各教室の掲示物なども見ておくと自分のためになります。

出張のときは描いてもいいよ

> 普段,子どもたちがチョークで黒板に描くのはご法度。しかし,教師が出張のときは先生にメッセージを描いてよいことにします。

★ 裏ネタのすすめ方 ★

① 「今日の6時間目,先生は出張でいません。あっそうそう。みんなで教室を3時40分に出られるならば,黒板に先生へのメッセージを描いてくれていいですよ」と,伝えておきます。

② 出張に出かける際,教室に入ってくださる先生に,上記のことを必ず伝えておきます。

③ 出張後,教室に戻ると,教師へのメッセージを描いてくれています。翌日の朝,黒板を見ながら,「これは何?」「これ,誰?」と,子どもたちとのやりとりを楽しみます。

★ 裏ネタ+α ★

● 「きっと先生は疲れまくった状態で教室に戻りますので,出張で疲れた先生をメッセージで癒やしてね」と伝えておくとよいでしょう。

第 2 章

給食の裏ネタ

　給食の時間。好き嫌いなく食べられる子どもにとっては至福の一時。ですが，苦手な子にとっては，苦痛でしかありません。少しでも，楽しく，にこやかに，給食の時間を過ごせることを祈って……

ウェイター風 献立配付

　毎月の給食だより（献立表）を子どもたちへ配付するときの教師のパフォーマンスです。

裏ネタのすすめ方

① 給食準備を終え，全員が座席に着き，「いただきます」をします。
② 子どもたちがおかわりも終えて，給食を食べている状況に行います。
③ 教師は，蝶ネクタイをつけ，「今から給食だよりを一人ひとりに手渡ししていきます。しばらくお待ちください」と説明をし，配付していきます。
④ 教師は，子どもたちの座席の横に立て膝をついて座り，「お食事中，失礼いたします。当店の来月のメニューでございます。どうぞご覧ください」と言いながら，机間をまわっていく。
⑤ 全員に配付し終えると，教室前に戻り，「来月も当店のご利用をスタッフ一同，心よりお待ち申し上げております」と子どもたちに伝え，一礼します。

・・・・・・・・・・・・ 裏ネタ＋α ・・・・・・・・・・・・

- ウェイターの衣装を準備し，着替えておいて，まわってもよいでしょう。
- 給食が苦手な子もいますので，「お客様のお口に来月は合いますでしょうか」などと言いながら机間をまわると，子どもたちは笑顔になります。

- 「いらっしゃいませ」と笑顔で語りかけ，「いかがですか？ 当店自慢の○○○は」とアドリブを加えながら声をかけると子どもたちは喜びます。
- 教師や子どもたちの体調に合わせて，双方の体調が万全の日に行うようにしましょう。
- 当日のメニューについてのアンケートを独自に子どもたちから取ったり，リクエストするならば，どんなメニューがよいでしょうかと質問したりして，給食担当に伝えても面白いでしょう。

おかわりサイレントじゃんけん

> 余ったおかずを分けるとき。食事中ですので，最低限のマナーは守らせたいものです。

●●●●●●●●●● 裏ネタのすすめ方 ●●●●●●●●●●

① 皆が食べ始める前に，欠席した子や体調がすぐれず返品した分のおかずの数を数えておきます。

② 「いただきます」をした後，おかずを増やしたい子を教室の後ろに集めます。「サイレントじゃんけんで決めてくださいね」と伝えます。

③ 席を離れるときから，サイレント（口を閉じて）状態をキープできるように声をかけましょう。

④ 「それでは，サイレントじゃんけんを始めます」と伝え，口ぱくで「(サイレントじゃんけん，じゃんけんほい！)」とやります。このとき，公平にできているか，最初のうちは，教師がジャッジマンになるとよいでしょう。

⑤ 勝負が決したら，自席に戻りますが，このときもサイレントで戻らせます。

●●●●●●●●●●●●● 裏ネタ＋α ●●●●●●●●●●●●●

- 慣れてくると，教師が「はい，後ろで，サイレントじゃんけん！」と言うと，子どもたちは動きます。
- もっと慣れてくると，子どもたちがおかずを増やすときは，自分たちから静かに後ろへ移動するようになります。
- 人気のおかずもあるでしょうから，チャレンジは1人1回とします。
- もし，マナーが守れない場合は，自席に戻らせてやりなおしをさせます。
- あまりにもマナーがひどくルールが守れない場合は，参加できなくなることを前もって伝えておきましょう。
- たまに，教師も参加すると子どもたちは喜びます。

配膳5分

> 給食準備は，素早く美しく。温かい食べ物は温かいうちに食べます。食事をする上で，当たり前のことです。

裏ネタのすすめ方

① 準備する時間を計ります。ストップウォッチを準備しましょう。子どもたちに見える方が有効です。
② 着がえ→給食配膳→いただきます！　まで，どのくらいの時間でできるのかを子どもたちに問います。
③ 配膳準備の様子を動画で撮影しておき，〇日と〇日というように同じ週で比較してもよいでしょう。
④ 給食を食べながら，映像を見て，改善するところ（どうすれば時間を短くして準備できるのか）があるかないかを子どもたちとやりとりします。

⑤ 目安は5分。10分以上かかる場合は，何らかのトラブルがあるのかもしれません。たとえ10秒でも前日より早くなれば，お祝いをしましょう。
⑥ 班対抗でタイムを競っても盛り上がります。

✦✦✦✦✦✦✦✦✦✦ 裏ネタ＋α ✦✦✦✦✦✦✦✦✦✦

●食べ物を扱いますから，スピードを追いすぎて，雑な配膳にならないように配慮しましょう。
●給食のワゴン到着後，給食の配膳だけでどれくらい時間がかかるのかを調査しておきましょう。
●3分→プロレベル，5分→スーパークラスなど，明確に目標を定めるとよいでしょう。
●準備するスピードが速くなってくると，次へのステップアップとして，「では，食べる人が食べやすい配膳はできないものでしょうかね〜」と子どもたちに問いかけましょう。
●タイムが頭打ちになるときが出てきますので，次の一手を考えておきましょう。例えば，何日継続して，同じタイムを出せるか。
●準備するとき，静かに，こぼさず，きれいに配膳できるかどうかを確認し，写真を撮っておき，給食盛りつけ選手権など大会にすると，盛り上がります。

給食献立クイズ

給食の献立は毎日変わります。すき間時間で食育です。食に関する豆知識を増やしましょう。

✦✦✦✦✦✦✦✦✦✦ 裏ネタのすすめ方 ✦✦✦✦✦✦✦✦✦✦

① 教師は，献立にあるおかずにまつわるエピソードや豆知識となりうるネタを調べておきます。
② 「いただきます」をして，おかわりも一段落着いたころに，「今日の給食献立クイズ〜！」と言います。
③ 答えを三択にして，子どもたちに出題します。
④ 正解者に，拍手を贈ります。

〈出題例〉

> 今日の食材にまつわるクイズです。
> 柿の葉寿司は，どこの名産でしょうか。
>
> 1　京都府
> 2　大阪府
> 3　奈良県

•••••••••••••• 裏ネタ+α ••••••••••••••

●1～2週間に1度くらいのペースで出題すると無理なくできます。
●地産地消食材を扱ったり，食材の産地を出題すると社会科の学習にも最適です。
●国内だけでなく，外国の食材を扱っても盛り上がります。
●その日の献立だけではなく，翌日以降の献立を取り上げて，予告しておくのもよいでしょう。
●過去の給食を扱っても，子どもたちは楽しんで参加します。
●写真など準備し提示すると，子どもたちにとってもわかりやすくなります。
●給食時間だけでなく，授業のすき間時間などに行ってもよいです。

配膳配置に気遣いを

給食の配膳を見てください。ノートや筆箱, 体操服の上におぼんが乗っていませんか。

裏ネタのすすめ方

① 給食の配膳初日に行います。
② 「これから, 配膳の仕方を伝えます」と言います。
③ 「❶机の上の整理・片づけ　❷おぼん配置　❸ご飯・パン・おかずの皿配置　❹牛乳びんを寝かせて置く」と配膳の順番を説明します。

左利き

右利き

④ 配膳が終わったら, 給食配膳の写真を撮ります。

⑤ 写真を見て,気づいたことを話し合います。
⑥ 意見が出ない場合は,教師がヒントを出します。
「この置き方で,この人,食べやすいかな？」
⑦ 全員正しい配置になったら,「いただきます！」と言って,食べ始めます。

・・・・・・・・・・・・ 裏ネタ＋α ・・・・・・・・・・・・・

●おかずの数,皿の大きさ,牛乳びん,スプーンの置き方など,食べる人のことを考えながら配膳できているのかを教師から問い続けます。
〈問い例〉
・おかずの数はいくつが正しい？
・皿の大きさで,どこに配置するのが食べやすいかな？
・牛乳びんは,どこに置けば,手に取りやすいかな？
・スプーンを置く向きは？
●速さを重視すると,配膳が雑になります。【素早く,美しく,食べやすく】とスローガンを決めてもよいでしょう。
●その子が食べやすい置き方はどうか,よし！ 食べよう！という気持ちになるかを常に考えさせるとよいでしょう。
●フランス料理の盛りつけ方,日本料理の皿の並べ方,盛りつけ方など,見本となる写真を子どもたちに見せることで,配膳のイメージをしやすくします。

おかわり フランス料理風

> 普段の給食がフランス料理風に早変わりです。ソースやたれを残すのももったいない。だからこそ、子どもたちに振る舞います。

裏ネタのすすめ方

① 給食準備を終え、全員が座席に着き、「いただきます」をします。

② 子どもたちは、おかわりをするために前へ集まります。余っているスプーン（余っていなければ、教師用のスプーンを利用）でおかずのソースやたれを子どもたちのおかずにかけていきます。

③ 皿の上に、スプーンでフランス料理風にソースやたれをかけていきます。

裏ネタ＋α

- どんな風にソースをかけるか、子どもたちのリクエストを聞くと盛り上がります。
- おかずにソースを少しかけていき、皿の上にも、あれこれ描くと子どもたちは喜びます。

第3章

掃除の裏ネタ

　ほぼ毎日ある清掃指導。年間で計算するとかなりの時間。休み時間の延長か，学校を美しくするのか。子どもたちのヤル気を引き出す，とっておきのネタです。

汚れを見える化する①
掃除クリーナーシート

> 汚れを見える化して，掃除をする大切さに気づかせる活動です。

◆◆◆◆◆◆◆◆◆◆ 裏ネタのすすめ方 ◆◆◆◆◆◆◆◆◆◆

① 掃除クリーナーシート（オレンジの香りのものがオススメ）を店で購入します。
② 「みんなの机の上って，きれいかな？ どれくらい汚れていると思う？」などと問いかけます。
③ 「これから，みんなの机の上をきれいにします」と伝え，1人1枚ずつクリーナーを渡していきます。
④ シートは，大変乾きやすいので，素早く配っていき，すぐに机の上を拭くように指示します。
⑤ 汚れがひどい場合は，子どもに2枚目を渡します。
⑥ 拭き終わったら，拭いていたクリーナーシートをお互いに見せ合って，汚れを確認し合います。
⑦ 拭いた後に，「机，よい香りがしますね〜」と言いながら，オレンジの香りをみんなで嗅いで，さわやかな気分になります。

◆◆◆◆◆◆◆◆◆◆◆◆ 裏ネタ+α ◆◆◆◆◆◆◆◆◆◆◆◆

●教師は「そんな汚れた机で給食食べてたんかぁ!」と大げさに驚きます。
●机の上だけでなく,椅子やロッカーなども拭きます。汚れが見えて,掃除する効果が上がります。
●オレンジの香り以外にも,無臭のものもあります。匂いに敏感な子どもがいる場合,配慮してあげてください。
●普段の清掃時間にも活用します。使用したい場合,「先生,クリーナーシートを使います」と声をかけるように指導します。
●クリーナーシートを使い続けるのではなく,最終的には,雑巾をうまく使いこなせるように指導していきます。

② 汚れを見える化する②
メラミンスポンジ

　汚れを見える化して，取れにくい頑固な汚れを取り，掃除への意欲を高めます。

・・・・・・・・・・・　裏ネタのすすめ方　・・・・・・・・・・・

① メラミンスポンジを百均で購入します。
② 「みんなで，これを使って，教室の壁をきれいにします」と伝え，1人1個ずつスポンジと小さいカップ（給食のゼリーが入っていた容器など）を渡します。
③ 「カップに水を入れます。スポンジに少し水をつけてこすります」と説明します。
④ 「それでは，10分間でどれだけ教室がきれいになるか，よーいスタート！」と言って，掃除を始めます。
⑤ こすった所の汚れが落

ちて，成果が目に見えるので，子どもたちはやる気が出ます。

・・・・・・・・・・・・ 裏ネタ＋α ・・・・・・・・・・・・

- 給食配膳台を磨くとピカピカになりますので，特にオススメです。
- スポンジでこすると細かいキズが入ることがあるので，あらかじめ目立たないところで試しておきましょう。
- ガラス窓（耐震フィルムが貼ってあるもの）と，床（ワックスや塗料が剥げる場合があります）は拭かないように伝えましょう。
- スポンジの大きさがいろいろあるので，学級の実態や人数に合わせて選びましょう。
- 手洗い場やその他の掃除場所でも使えますので，積極的に活用していきましょう。
- 使ったあとは，必ずゴミ箱に捨てるように指導しましょう。まだ使えそうな場合は，教室に持ち帰り，次の日も使うからと，保存しておくように伝えましょう。

泡スプレーでシュッと机を一拭き！

> おもに机の上を拭きます。泡が消えてしまうので，素早い作業が求められます。教師がスプレーでシュッシュッと子どもたちの机に吹きかけていきましょう。

◆◆◆◆◆◆◆◆◆◆ 裏ネタのすすめ方 ◆◆◆◆◆◆◆◆◆◆

① スプレークリーナー（泡タイプ）を店で購入しておきます。
② 最初の掃除時間，教室に集合し，子どもたちに話をします。
③ 「今日はみんなで机の上をきれいにします」と伝え，雑巾を1人1枚ずつ準備します。
④ 「スプレーでプシュッとやっていきますので，雑巾で拭きます。机の上をピカピカにしましょう」と説明します。
⑤ 「行きますよ〜！」と勢いをつけて，教師は1つひとつの机をまわり，1〜2回ほどプシュッと泡をかけていきます。
⑥ 吹きかけた直後から，「さぁ！拭いて！」と声をかけます。
⑦ 子どもたちは雑巾で拭いて，机をピカピカにします。

・・・・・・・・・・・・・ 裏ネタ＋α ・・・・・・・・・・・・・

- 泡が残った場合，ティッシュペーパーで拭き取ります。
- 普段の掃除時間に，教室を担当している子どもと作業してもよいでしょう。
- 調子に乗って，プシュプシュしまくると，泡を拭きとれなくなりますので気をつけましょう。
- 濡らして固く絞った雑巾と乾いた雑巾を用意しておきます。スプレーでシュッとした後，濡らして固く絞った雑巾で磨くように拭きます。仕上げに乾いた雑巾で拭き上げます。
- 洗剤にアレルギー反応を起こす児童がいるかもしれないので，使用するときは慎重に扱いましょう。
- 机の上以外に，後ろのロッカー，窓のサッシ，戸棚の上，椅子などにも使えます。

掃除の極意

> 毎日ある清掃活動。何のためにするのか。どのようにするのか。方法でなく，極意と心持ちを考えます。

・・・・・・・・・・ 裏ネタのすすめ方 ・・・・・・・・・・

① 「掃除はどうしてするのですか」と子どもたちに問います。
② 「年間登校200日。掃除のある日は約190日。1日15分。つまり年間何時間学校で掃除をしているのでしょうか」と，さらに問います。
③ 「その貴重な時間を大切にするため，今日は掃除の極意を伝えます」と言います。
④ 極意は，次の通りです。

その1　**時間厳守**（始まりと終わりの時間を守る）
その2　**黙働**（黙って行う）
その3　**個働**（1人ひとりが責任をもって行い，1人で自分の仕事を行う）
その4　**観察**（どこが汚れているかをよく見る）
その5　**協力**（大変そうなところはみんなで力を合わせて行う）

> その6　**精度**（汚れているところは何度も掃いたり拭いたりする）
>
> その7　**美**（机の列，掃除用具箱の中など美しく）

⑤　1つでも全員でできた項目があれば，子どもたちをほめます。また，個人の掃除力を高めるためにも，日々「今日は何点だったか」を子どもたちに問い続けます。子どもたちは個々に評価します。

・・・・・・・・・・・・・　裏ネタ＋α　・・・・・・・・・・・・・

- 掃除はボランティア活動であったり，家事であったりするが，仕事にもなることを伝えます。
- スキルアップしていくために，清掃活動の様子を動画撮影し，客観的に振り返りをすることが大切です。
- 洗剤にアレルギー反応を起こす児童がいるかもしれませんので，使用するときは慎重に扱いましょう。
- 子どもたちの個々の力が上がるとチーム力が上がり，子どもたちの掃除へのやる気が増してくることを教師は考えて，粘り強く子どもたちに問い続けます。
- 教師も一緒に清掃活動に参加しましょう。
- 掃除の極意を学級オリジナルの言葉で増やしていくと，子どもたちのやる気はアップします。

掃除道具のプラスアイテム

　教室備え付けの道具は，ほうき，ちりとり，雑巾くらいでしょうか。そこにアイテムを増やして，子どもたちの掃除をレベルアップします。

✦✦✦✦✦✦✦✦✦ 裏ネタのすすめ方 ✦✦✦✦✦✦✦✦✦

① 「皆さんが普段掃除しているときに使う道具は何ですか」と子どもたちに問います。
② 「今日は皆さんの掃除力をさらに高める道具（アイテム）を準備しました」と告げ，準備した道具を見せます。
③ あらかじめ，竹ぐし，割り箸，ミニドライバー，新聞紙を用意しておきます。
④ 「どこで使用するのかは皆さんが考えてください。ただし，掃除場所を傷つけてはいけません。美しくするための道具です」と伝え，希望者に必要なアイテムをプレゼントします。

⑤ すばらしい使い方を考えついた子どもがいたら、クラス全員の前で発表してもらいます。

・・・・・・・・・・・・・ 裏ネタ＋α ・・・・・・・・・・・・・

●プラスアイテムの使い方の例は下記の通りです。
　・竹ぐしは窓サッシや床の細い溝の汚れを掻き出します。
　・割り箸はティッシュを巻いて擦り磨きをしたり、普段ほうきでは掃けないところを擦ったりします。
　・ミニドライバーは汚れのひどい場所を優しく丁寧に削りとります。
　・新聞紙は軽く水をふくませて拭いたり、窓を磨いたりします。
●例えば、教室掃除で黒板拭き、床掃き、机拭き、机移動は必ずした上で、時間が余ったらプラスアイテムで掃除をします。
●プラスアイテムの扱いは丁寧にし、使えるものはなるべく長く使い続けるように指導します。
●学級オリジナルのプラスアイテムを増やしていくと、子どもたちの掃除へのやる気がアップします。

よし！先生についてこい！

各学年，各学級，それぞれ割り振られた掃除場所があるはずです。本当に校内全てを網羅していますか。空白の場所をフォローするのです。

裏ネタのすすめ方

① 「特別掃除班を立ち上げます」と子どもたちに伝えます。
② 特別掃除班を集合させ，空白の掃除場所について言います。
③ 「今日は，職員玄関を掃除します。ほうきと雑巾を持って，先生についておいで！」と伝えます。
④ 掃除場所に到着したら，早速，掃除開始です。
⑤ 子どもたちは普段掃除できない場所を掃除しているので，テンションも上がりますし，いつもより頑張らないといけないと考えるようになります。

裏ネタ＋α

● どこが掃除空白部分になっているのか，事前にリサーチしておきます。
● 「プラスアイテム」を参考にして，掃除場所に合わせて，あらゆる掃除道具を使えるようにしておきます。

第4章

委員会の裏ネタ

　月に1度。5・6年生が，学校のため，みんなのために活動する仕事をするこの時間。自主的にできればよいが，何か，きっかけが必要。そんな時に，子どもたちの活動のヒントになるネタです。

① リクエスト

> 唱歌や童謡もよいのですが，子どもたちの流行の歌，人気の歌など，気になるところです。校内放送のマンネリの解消になります。

✦✦✦✦✦✦✦✦✦ 裏ネタのすすめ方 ✦✦✦✦✦✦✦✦✦

① 放送委員会が中心となり，リクエスト用紙を作成します。
   例）歌手（バンド）名，曲名，リクエスト理由，学年・組・氏名など。
② 全校児童に対して，1人1枚ずつ配付し，各クラスの放送委員が回収します。
③ リクエストが多かった曲から流していきます。曲が決まれば，レンタルするか，担当教師が購入します。
④ 子どもたちにとって，放送の時間が待ち遠しくなります。
⑤ リクエストした曲が流れると，子ども

たちは大喜びです。

裏ネタ＋α

- 計画委員会（学校によっては，運営委員会とも言います）と連携したり，代表委員会（児童会・各クラス代表，委員会代表，クラブ活動代表が出席します）で話し合ったりして決定していってもよいでしょう。
- 曲については１年生～６年生までの全員が聞いていることを考え，担任の先生にもチェックしてもらいます。リクエスト通りではなく，歌詞の内容など教師側の配慮も必要です。
- ジャンル別でリクエストしてもらうようにしても可。（クラシック，ロック，バラード……など）
- １日のうちでいつ流すのか，どのくらいの期間か，など委員会や教師で検討します。
- リクエストがきた曲についての扱いですが，著作権が関わってきますので，慎重に進めていきましょう。
- リクエスト曲の紹介は，放送委員が担当し，ラジオのＤＪ風に活動を進めていくと，子どもたちは喜びます。

第４章●委員会の裏ネタ

DJ風お便り紹介

> 放送委員会が中心になって活動します。楽しい雰囲気になって，全校放送することで校内に活気が溢れてきます。

♦♦♦♦♦♦♦♦♦♦ 裏ネタのすすめ方 ♦♦♦♦♦♦♦♦♦♦

① 放送委員会の呼びかけにより，葉書を作成し，放送室にお便りBOXを設置します。
② 葉書に，「❶学年，❷組，❸名前もしくはペンネーム，❹内容（リクエスト曲と理由，校内で困っていること，校内で嬉しかったことなど）」を記入してもらいます。
③ 放送委員の子どもたちはお便りを読む練習をし，アナウンスの台本を考えておきます。

〈アナウンスの例〉
さて，今日も始まりました○○放送。今日はどんなお便りが届いているのかな？　早速，1枚目。○年○組○さんからのお便り。「皆さん，こんにちは。学級では亀を飼っていますが，誰かが餌を勝手にやって困っています。何とかしてください」というお便り。エサを食べ過ぎて巨

> 大亀になると困るから,エサはやらないでねぇ!

④ お便りを読まれた子どもは喜びます。

◆◆◆◆◆◆◆◆◆◆◆◆◆ 裏ネタ+α ◆◆◆◆◆◆◆◆◆◆◆◆◆

第4章●委員会の裏ネタ

- ラジオ放送を録音しておき,DJをイメージしやすいように委員会メンバーで聞きあってもよいでしょう。
- 見本となるDJの型をしっかり聞いておきましょう。
- 声の出し方,イントネーション,言い回しなど,委員会の時間に練習をしておきましょう。「お口の体操」と題して,あいうえおの形(口形)で声を出す練習をしてもよいでしょう。
- 募集宣伝ポスターを校内に掲示すると,子どもたちは盛り上がります。
- 放送室にお便りBOXを設置できない場合,職員室前の壁などに掲示しておくとよいでしょう。
- お便りの内容を放送しても可能かどうか,教師や子どもたちとよく吟味しましょう。

廊下歩行見守り隊

> 子どもたちの安全を守るべく，雨の日だけ突如登場する，廊下歩行見守り隊。

・・・・・・・・・・ 裏ネタのすすめ方 ・・・・・・・・・・

① 教師か子どもたちが計画委員会（児童会）に下記の提案をします。
「最近，雨の日に廊下を走り回っている子が増えていて，非常に危険ですので，なんとかしましょう。」

② 解決するために，委員会代表か学級代表で「廊下歩行見守り隊」を結成するように教師が促します。もしも，子どもたちから見守り隊への立候補がなければ，教師が隊員を指名します。

③ 活動内容は，下記の通りです。

---

1 衣装（ヘルメットやネクタイ，法被，タスキなど）を身につけます。
2 雨の日に校舎内の廊下を巡回します。（状況によれば，晴れた日もOK）
3 長い休み時間（中間休み，昼休み）に出動します。

> 4　廊下を走っている子へは全力で「あぶない！」「歩こう！」と声をかけます。
> 5　困っている子や一人でいる子にも声をかけます。

④　子どもたちの安全を第一に考えて，活動していることを確認します。

・・・・・・・・・・・・　裏ネタ＋α　・・・・・・・・・・・・

●ヘルメットは，必ず準備するようにしましょう。
●たすきは，見守り隊の子どもたちで製作します。
●ネクタイや法被などは，百均などの店で購入してもよいでしょう。
●あくまでも注意喚起ですし，教師ではないので，子どもが子どもを指導することのないようにしましょう。教師が「見守り隊」について校内を歩いてまわりましょう。
●代表委員会に提出せず，学級の子どもたちで企画し，実行する場合は，先生方に前もって連絡しておきましょう。
「雨の日の廊下を走っている子が後を絶ちませんので，○年○組で休み時間に廊下歩行を促す活動をしようと考えているのですが，よろしいでしょうか」と。

未来BOX

子どもたちによる子どもたちのための未来BOX。学校をよりよくするために，校内に投票箱を設置します。

裏ネタのすすめ方

① 計画委員会（運営委員会とも言います）で，未来BOXを作成します。もともと未来BOXがある場合は，リニューアルして，表に出しましょう。（職員室前の廊下に設置します）

② 子どもたちが投稿しやすいように，投稿内容記入例を示し，1週間に1度，投稿が入っているかどうか，計画委員会メンバーでBOXをチェックします。

③ 投稿内容について，教師や子どもたちは話し合い，それをどうするか？　を考えます。

> ①全校みんなで遊ぶにはどうすればよいですか。
> 　〇年〇組　〇〇〇〇
>
> ②最近ろう下を歩いているとゴミが落ちていて気になります。きれいな学校になるようになんとかしてください。
> 　〇年〇組　〇〇〇〇

裏ネタ+α

●子どもたちに投稿をお願いするために，BOXの横にB6サイズの用紙と机と鉛筆を準備し，記入してもらいます。

第5章

職員室の裏ネタ

　先生方が朝昼夕と集う職員室。忙しく行き交うだけの職場になっていませんか。会話があり，笑顔があるステキな雰囲気の職員室にぜひ！　子どもたちが見ていますよ。

お菓子どうぞ

> 同僚への気遣いです。心配りです。そして日頃助けていただいていることへの感謝の気持ちです。

♦ ♦ ♦ ♦ ♦ ♦ ♦ ♦ ♦ ♦ 裏ネタのすすめ方 ♦ ♦ ♦ ♦ ♦ ♦ ♦ ♦ ♦ ♦

① 日頃の感謝を込めて,近くのスーパーマーケットで買ってきたお菓子(小分けされて包装されている袋のお菓子がベスト)を先生方の机に置いていきます。月に1度ある職員会議の後などが喜ばれます。

② 付箋にメッセージと名前を書き,貼り付けてもよいです。
例)いつもありがとうございます。中條

③ 旅行先で買ってきたお土産を置くときも同様にします。

④ 日中は,子どもたちが職員室へ入ってくることがありますので,見えないようにしておくか,朝早くか放課後に置くようにしましょう。

⑤ お菓子をいただく方も笑顔になり,和やかな雰囲気になります。

★ ★ ★ ★ ★ ★ ★ ★ ★ ★ ★ ★ 裏ネタ＋α ★ ★ ★ ★ ★ ★ ★ ★ ★ ★ ★ ★

- ●直接，手渡しするのが一番効果的です。
- ●日頃から，先生方のお菓子の好みをリサーチしておくのもよいでしょう。
- ●職場によって，職員数の多少がありますから，予算的に無理のないようにしてください。

- ●お菓子を配るのも，先生方とコミュニケーションをとる方法の１つです。日頃から，良好な関係を築くように心がけましょう。
- ●自分のオススメのお土産やめずらしいお菓子，おいしいものなど，どんなお菓子が喜ばれるか楽しみましょう。
- ●メッセージの最後に自分の名前を記しますが，たまにボケる（職場にいない人の名前やイニシャル，あだ名など）と職員室が楽しい雰囲気になります。

　〈例〉いつもありがとうございます。　ティーチャーＮＸ
　　　　お疲れさまでした！！　Ｊｏ
- ●お菓子ではなく,栄養ドリンクなども先生方に喜ばれます。

事前声かけ

> コミュニケーション力が必要です。話しかけるときは笑顔で「お願いします」の気持ちで行います。

◆◆◆◆◆◆◆◆◆◆ 裏ネタのすすめ方 ◆◆◆◆◆◆◆◆◆◆

① 職員会議や朝礼,終礼などで提案する案件を準備します。
② その案件に関係する学年,学級,校務分掌上で関係してくる先生方をピックアップします。
③ 案件文書を持って先生方をまわります。「次の会議で○○○を提案します。先生に見ていただいてご意見をうかがいたいと思いまして」と伝え,案件を見てもらいます。
④ 「それでよいですよ」や「△△にしてくれる？」「学年で相談するから」など,ご意見をもらえれば,追加修正が必要な場合,修正してから提案します。
⑤ あらかじめ関係する先生方に見ていただいているので,提案が通りやすくなります。
⑥ 案件を知っておいてもらうための事前声かけです。スムーズに会議を進めるためのテクニックの1つです。

••••••••••• 裏ネタ＋α •••••••••••

- たとえ例年通りの案件であっても，声かけは必要です。
- 笛の吹き方の変更など，ほんの些細なことであっても，確認をとっておいた方がよいでしょう。
- 「そんなこと聞いてへんぞ」となる案件は「根回し」が必要です。この「事前声かけ」は，あくまで（知っておいてくださいね）という紹介程度が基本です。
- ほう（報告）・れん（連絡）・そう（相談）を意識しておくと周りの先生方との連携が図れます。
- 案件に関係する先生がわからないときは，同僚の先生に相談しましょう。

次の会議で○○○を提案します。先生に見ていただいてご意見をうかがいたいと思いまして

根回し

自分1人では,どうすることもできない提案内容もあります。高度なコミュニケーション力と信頼感が要求されます。決して1人で100%を目指さないこと。

◆◆◆◆◆◆◆◆◆◆ 裏ネタのすすめ方 ◆◆◆◆◆◆◆◆◆◆

① 職員会議や朝礼,終礼などで提案する案件を準備します。この提案内容は,ベテランや中堅の先生方の賛同や協力が必要なものです。

② 事前に,案件の中で関係する先生方に声をかけます。

③ 案件に反対もしくは同意を得るのが難しそうな先生に,あえて個別に「先生にしか,お願いできる方がいないと思いまして」と伝えます。

④ すんなりOKをいただけないかもしれませんので,何度も粘り強く交渉します。

⑤ 賛成，納得していただければ，感謝の気持ちをもって，お礼を言いましょう。賛成,納得していただけない場合も，相談に乗っていただいたことにお礼を言いましょう。

・・・・・・・・・・・・ 裏ネタ＋α ・・・・・・・・・・・・

- たとえ賛同いただけなくとも，誠意が伝わればOKです。
- 日頃から職場の先生方とコミュニケーションをとっておくことが大切です。
- 日頃から信頼関係を築いておく努力を自分から進んでしておきましょう。
- 「私はそんなこと聞いていない」ということがないように，提案内容をよく吟味しておきましょう。
- 声かけや根回しの必要な先生方がわからないときは，同僚の信頼できる先生に相談しましょう。

何でも屋

> 先生方との信頼関係を築くことができます。「自分とは関係ない」仕事は一切ありません。そして、全ては子どもたちのためになります。

♦♦♦♦♦♦♦♦♦♦ 裏ネタのすすめ方 ♦♦♦♦♦♦♦♦♦♦

① 校務分掌で任された仕事はもちろん行います。
② そのうえで、普段、職員室内での様子を見ておき、先生方が何かやろうというときに率先して動き出します。
③ また事前に、今日は○○を準備しないといけないということがわかっていれば、主となる先生について動きます。
④ 「いや、手伝ってくれなくてもすぐ済むよ」とか「大丈夫だよ」と言われても、「暇なので、手伝わせてください」と笑顔で伝えましょう。
⑤ やっていくうちに、あらゆる校務分掌の仕事を少しずつマスターできるようになります。手伝った先生からは感謝の言葉がもらえ、与えられた以外の仕事も覚えられて一石二鳥です。

◆◆◆◆◆◆◆◆◆◆◆ 裏ネタ＋α ◆◆◆◆◆◆◆◆◆◆◆

- 自分のためでもあり，先生方の役に立つことで，「あー中條学級の子どもたちですね」と信頼を得ることで，子どもたちのためにもなります。
- 「やってあげている」などというおごりの気持ちは禁物です。謙虚に，させていただきましょう。
- 「あっ，私やりましょうか」と積極的に声をあげることで，信頼をこつこつ貯めていく。
- 教師から与えられた仕事は，確実かつ丁寧に行います。

第５章●職員室の裏ネタ

穏やかにっこり表情筋

> 穏やかな表情や，にっこりしている表情を嫌いな人は誰もいませんよね。職場の人たちに好印象を与えます。

♦ ♦ ♦ ♦ ♦ ♦ ♦ ♦ ♦ 裏ネタのすすめ方 ♦ ♦ ♦ ♦ ♦ ♦ ♦ ♦ ♦

① 朝，学校に入るまでに必ず一度，鏡で自分の顔をチェックします。車のバックミラーや駅トイレの鏡でも構いません。
② 前日の疲れ，日頃の疲れ，寝不足などがあったとしても，鏡を見ながら，笑顔を作ります。
③ さらに，口角筋を上げ，穏やかな表情を作ります。
④ この練習を何度か繰り返し，職場に入るようにしましょう。
⑤ 扉をガラッと開け，「おはようございます」と明るい声であいさつし，その表情で職員室や教室に入ります。まわりの先生も，子どもたちも安心します。
⑥ 普段から，表情を意識し

ていると,自然に穏やかな表情を作ることができるようになります。教育のプロとして, 稽古は必須です。

* * * * * * * * * * * * * 裏ネタ+α * * * * * * * * * * * * *

●穏やかな表情は意識して作らないとなかなか自然にできません。日々の訓練です。
●無理に笑う必要はありません。引きつっていると,子どもたちが引きますので,ご注意ください。
●表情とともに,声も大切です。家で話す声よりも,腹に力を入れ,息を吐き出すように教室では声を出します。職員室でも同様です。暗くて,か細い声では,子どもや保護者,教職員に不信感や不安感を与えてしまいます。
●風呂上がりに,鏡を見ながら,個人レッスンを繰り返して行いましょう。

しゃがんで，ひざまずいて

> 職員室での一場面。用事があるときは，机の横で姿勢（目線）を低くして話しましょう。相談などに快く応じてくれます。

♦♦♦♦♦♦♦♦♦♦♦ 裏ネタのすすめ方 ♦♦♦♦♦♦♦♦♦♦♦

① 報告，連絡，相談する相手の先生の机まで行きます。
② 「先生，ちょっといいですか」「これ，見ていただいてもよろしいですか」などと声をかけます。
③ OKならば，そっとしゃがんだり，ひざまずいたりして，報告，連絡，相談をするようにしましょう。イメージとしては，ホストクラブのホストが接客している様子です。
④ 決して，腰に手をあて仁王立ちしたり，腕組みしたり，見下ろしたりすることのないように心がけましょう。
⑤ 伝え終われば，「ありがとうございました」とお礼を言って，自席に戻りましょう。
⑥ 「事前声かけ」「根回し」と一緒にこのネタを使えると，先生方とうまくやることができます。

・・・・・・・・・・・・ 裏ネタ＋α ・・・・・・・・・・・・

- 用事のある先生の隣の机や椅子が空いていて使わせてもらう場合，その席の先生に必ず声をかけましょう。無断で，我が物顔で使うことのないように。
- お二人にお伝えする場合は，その間にしゃがみ込み，どちらの先生の顔も見ながら，お話ししましょう。
- 提案内容をこっそり伝えることで，（あなたを信用していますよ）という暗黙の了解を得たり，メッセージが伝わりますようにと思ったりすることができます。
- 話をする先生に，お菓子などを持って行って，相談すると，うまくいく可能性は高まります。

第5章●職員室の裏ネタ

著者紹介
中條佳記
1977年奈良県天理市生まれ。大阪育ち。奈良県王寺町立王寺南小学校勤務。お笑い教師同盟に所属し，教育サークル「奈良初等教育の会」代表。
おもな編著書に『CD-ROM付き 授業や学級経営に活かせるフラッシュカードの作り方・使い方』『子どもの実感を引き出す授業の鉄板ネタ54』（単著）『コピーして使える授業を盛り上げる教科別ワークシート集〈中学年〉』（中村健一共著）。なお中村健一氏による編著書『子どもも先生も思いっきり笑える爆笑授業の作り方72』『学級担任に絶対必要な「フォロー」の技術』『子どもの表現力を磨くおもしろ国語道場』『めっちゃ楽しく学べる算数のネタ73』『子どもが大喜びで先生もうれしい！ 学校のはじめとおわりのネタ108』（以上，黎明書房）にも協力。

＊イラスト：さややん。

表ネタが通用しない場面へ投入！
学級づくり＆職員室の裏ネタ45

2018年8月31日 初版発行

著　者	中　條　佳　記
発行者	武　馬　久仁裕
印　刷	株式会社 太洋社
製　本	株式会社 太洋社

発行所　　　　　　株式会社　黎明書房

〒460-0002　名古屋市中区丸の内3-6-27 EBSビル　☎052-962-3045
　　　　　　　　　　　FAX052-951-9065　振替・00880-1-59001
〒101-0047　東京連絡所・千代田区内神田1-4-9　松苗ビル4階
　　　　　　　　　　　　　　　　　　　　　　　☎03-3268-3470

落丁本・乱丁本はお取替えします。　　　　　ISBN978-4-654-00374-7
Ⓒ Y.Nakajo 2018, Printed in Japan